WEDDING ANNIVERSARIES

FIRST	paper		THIRTEENTH	lace
SECOND	cotton		FOURTEENTH	ivory
THIRD	leather		FIFTEENTH	crystal
FOURTH	linen		TWENTIETH	china
FIFTH	wood		TWENTY-FIFTH	silver
SIXTH	iron		THIRTIETH	pearl
SEVENTH	wool		THIRTY-FIFTH	coral
EIGHTH	bronze		FORTIETH	ruby
NINTH	pottery		FORTY-FIFTH	sapphire
TENTH	tin		FIFTIETH	gold
ELEVENTH	steel		FIFTY-FIFTH	emerald
TWELFTH	silk		SIXTIETH	diamond

SIGNS OF THE ZODIAC

ARIES	March 21 — April 19
TAURUS	April 20 — May 20
GEMINI	May 21 — June 20
CANCER	June 21 — July 22
LEO	July 23 — August 22
VIRGO	August 23 — September 23
LIBRA	September 24 — October 23
SCORPIO	October 24 — November 21
SAGITTARIUS	November 22 — December 21
CAPRICORN	December 22 — January 19
AQUARIUS	January 20 — February 18
PISCES	February 19 — March 20

BIRTHSTONES

JANUARY	garnet
FEBRUARY	amethyst
MARCH	aquamarine
APRIL	diamond
MAY	emerald
JUNE	pearl
JULY	ruby
AUGUST	peridot
SEPTEMBER	sapphire
OCTOBER	opal
NOVEMBER	topaz
DECEMBER	turquoise

JANUARY

1

2

3

JANUARY

4

5

6

7

JANUARY

8

9

10

11

JANUARY

12

13

14

15

JANUARY

16

17

18

19

JANUARY

20

21

22

23

JANUARY

24

25

26

27

JANUARY

28

29

30

31

FEBRUARY

1

2

3

FEBRUARY

4

5

6

7

FEBRUARY

8

9

10

11

FEBRUARY

12

13

14

15

FEBRUARY

16

17

18

19

FEBRUARY

20

21

22

23

FEBRUARY

24

25

26

27

FEBRUARY

28

29

MARCH

1

2

3

MARCH

4

5

6

7

MARCH

8

9

10

11

12

13

14

15

MARCH

16

17

18

19

20

21

22

23

MARCH

24

25

26

27

MARCH

28

29

30

31

APRIL

1

2

3

APRIL

4

5

6

7

APRIL

8

9

10

11

APRIL

12

13

14

15

APRIL

16

17

18

19

APRIL

20

21

22

23

APRIL

24

25

26

27

APRIL

28

29

30

MAY

1

2

3

MAY

4

5

6

7

MAY

8

9

10

11

MAY

12

13

14

15

MAY

16

17

18

19

20

21

22

23

MAY

24

25

26

27

MAY

28

29

30

31

JUNE

1

2

3

JUNE

4

5

6

7

JUNE

8

9

10

11

JUNE

12

13

14

15

JUNE

16

17

18

19

JUNE

20

21

22

23

JUNE

24

25

26

27

JUNE

28

29

30

JULY

1

2

3

4

5

6

7

JULY

8

9

10

11

JULY

12

13

14

15

JULY

16

17

18

19

JULY

20

21

22

23

JULY

24

25

26

27

28

29

30

31

AUGUST

1

2

3

AUGUST

4

5

6

7

AUGUST

8

9

10

11

AUGUST

12

13

14

15

AUGUST

16

17

18

19

AUGUST

20

21

22

23

AUGUST

24

25

26

27

AUGUST

28

29

30

31

SEPTEMBER

1

2

3

SEPTEMBER

4

5

6

7

SEPTEMBER

8

9

10

11

SEPTEMBER

12

13

14

15

SEPTEMBER

16

17

18

19

20

21

22

23

SEPTEMBER

24

25

26

27

28

29

30

OCTOBER

1

2

3

OCT

OCTOBER

4

5

6

7

OCTOBER

8

9

10

11

OCTOBER

12

13

14

15

OCTOBER

16

17

18

19

OCTOBER

20

21

22

23

OCTOBER

24

25

26

27

OCTOBER

28

29

30

31

NOVEMBER

1

2

3

4

5

6

7

NOVEMBER

8

9

10

11

NOVEMBER

12

13

14

15

NOVEMBER

16

17

18

19

NOVEMBER

20

21

22

23

NOVEMBER

24

25

26

27

NOVEMBER

28

29

30

DECEMBER

1

2

3

DECEMBER

4

5

6

7

DECEMBER

8

9

10

11

DECEMBER

12

13

14

15

DECEMBER

16

17

18

19

DECEMBER

20 ......

21 ......

22 ......

23 ......

DECEMBER

24

25

26

27

DECEMBER

28

29

30

31

NOTES

NOTES

NOTES

NOTES

NOTES

NOTES